AF391328

CATALOGUE

DE

TABLEAUX ANCIENS

FORMANT LA COLLECTION

de feu

MME LA MARQUISE DE SALZA

DE NAPLES

ŒUVRES DE

Van Balen, Boucher, Breughel, Canaletti, P. Codde, Dekker
Giovanni de Udine, Heda, Klomp, Subleyras, Troost, etc.

DONT LA VENTE AURA LIEU

HOTEL DROUOT, SALLE N° 6

Le Samedi 15 Juin 1895

à 3 heures

COMMISSAIRE-PRISEUR	EXPERT
Me PAUL CHEVALLIER	**M. EUG. FÉRAL**, PEINTRE
10, rue Grange-Batelière, 10	54, rue du Faubourg-Montmartre, 54

Chez lesquels se trouve le présent Catalogue

EXPOSITION PUBLIQUE

Le Vendredi 14 Juin 1895, de une heure et demie à cinq heures et demie

CONDITIONS DE LA VENTE

Elle sera faite *expressément* au comptant.

Les acquéreurs payeront en sus des enchères *cinq pour cent*.

Paris. — Imp. de l'Art, E. Moreau et Cⁱᵉ, 41, rue de la Victoire.

DÉSIGNATION

TABLEAUX ANCIENS

BALEN (VAN) & KESSEL (VAN)

1 — *Le Christ, en jardinier, apparaissant à la Madeleine.*

A gauche, une fontaine dans un rocher et différents oiseaux.

A droite, vers le fond, Jérusalem avec ses temples et monuments à colonnes.

Cuivre. Haut., 48 cent.; larg., 64 cent.

BOTH
(JEAN)

2 — *Paysage au soleil couchant.*

Deux villageois, dont un monté sur un mulet, longent un chemin qui contourne des rochers escarpés.

A droite, un cours d'eau; sur le devant, des arbres brisés.

Ciel chaud et nuageux.

Toile. Haut., 28 cent.; larg., 35 cent.

BOUCHER

(Attribué à F.)

3 — Les Quatre Saisons :

Le Printemps représente un berger posant des fleurs sur la tête d'une jeune fille.

L'Été, un jeune homme et une jeune fille surpris dans les blés.

L'Automne, un jeune homme offrant des raisins à une jeune bergère.

L'Hiver, une jeune fille assise dans un traîneau et glissant sur la neige.

Ces quatre gracieuses compositions, formant dessus de portes, ont été gravées.

Toiles. Haut., 75 cent.; larg., 96 cent.

BREUGHEL

(JEAN)

4 — *Paysage.*

Devant, une charrette et deux cavaliers sur un chemin conduisant à des chaumières.

Une rivière coupe le paysage; au bord, s'élève un groupe d'arbres dont le feuillage se détache sur le ciel; sur la rive opposée, les maisons d'un village.

Précieux et fin tableau.

Bois. Haut., 20 cent.; larg., 26 cent.

CANALETTI

5 — Le Grand Canal et l'hôpital de la Charité, à Venise.

L'hôpital est sur la droite ; devant, le quai animé par différents personnages.

Des gondoles et des bateaux marchands sillonnent le canal sur différents plans. On aperçoit, un peu vers le fond, le dôme de l'église de la Salute, la douane près de laquelle stationnent des bateaux.

A gauche, des palais et, vers le fond, le campanile et le dôme de Saint-Marc.

Très beau tableau, clair et lumineux, d'une conservation parfaite.

Toile. Haut., 72 cent.; larg., 1 m. 10 cent.

CODDE

(PETERS)

6 — Le Concert.

Une élégante compagnie est réunie dans un salon hollandais ; les uns chantent et jouent de divers instruments. Un officier debout, près d'une fenêtre, cause avec une jeune femme.

Bois. Haut., 45 cent.; larg., 67 cent.

DEKKER

(CONRAD)

7 — *La Ferme*.

Elle est située au second plan et ombrée par de grands arbres. Sur le devant et au centre, un rayon de soleil éclaire vivement des vaches, des chèvres et des moutons qui se reposent sous la garde de deux bergers.

Un arbre brisé est renversé sur le sol.

A gauche, un vieux chêne au tronc noueux dont le feuillage se détache sur un ciel légèrement nuageux.

Très beau tableau, d'un remarquable effet de lumière et d'une parfaite conservation.

Toile. Haut., 98 cent.; larg. 1 m 27 cent.

GIOVANNI

(DE UDINE)

8 — *Le Mariage mystique de sainte Catherine*.

La Vierge est assise au centre tenant l'Enfant Jésus. La Sainte, debout sur la gauche, présente sa main à l'Enfant Jésus qui tient la bague. A droite, Saint Jean et son agneau.

Très intéressant tableau.

Signé et daté 1550.

GOYEN
(JAN VAN)

9 — *Les Dunes de Scheveningen.*

Sur le devant une mare au pied de terrains éboulés. Au sommet des buttes, des vaches et des villageois.

Signé en toutes lettres

Bois. Haut., 30 cent.; larg., 41 cent.

HALS
(DIRCK)

10 — *Les Joueurs de cartes.*

Nombreuse réunion dans un intérieur

Assis autour d'une table couverte d'un tapis vert, chacun tient ses cartes et s'intéresse vivement à la partie.

Intéressante composition.

Signée.

Bois. Haut., 41 cent.; larg., 52 cent.

HEDA
(WILLEM KLAASZ)

11 — *Les Restes d'un déjeuner.*

Une coupe renversée, un vidrecome à demi-plein de vin du Rhin, un citron entamé dans un plat, un jambon, etc., le tout posé sur une table.

Très bon tableau.

Signé et daté.

Bois. Haut., 54 cent.; larg., 76 cent.

HOREMANS

(DEUX PENDANTS)

12 — Dans l'un : *Une jeune femme chante tenant une partition, un gentilhomme l'accompagne en pinçant du luth.*

Dans l'autre : *Un jeune homme et une jeune fille causent assis sur un banc de jardin.*

Toile. Haut., 36 cent.; larg., 28 cent.

KEYSER

(Attribué à TH. DE)

13 — *Portrait d'une dame hollandaise.*

Elle est debout, sur le péristyle d'une riche habitation. Elle tient un éventail. A gauche, une porte ouverte donnant sur un jardin.

Bois. Haut., 67 cent., larg., 52 cent.

KLOMP

14 — *Animaux au repos dans une prairie hollandaise.*

A gauche, des villageois auprès d'une chaumière, à droite, un cours d'eau et les maisons d'un village.

Toile. Haut., 98 cent.; larg., 1 m. 26 cent.

KUPETZKI

(JEAN)

15 — *Portrait du consul Meyer, de Bâle.*

Vu à mi-corps, il porte une abondante perruque
poudrée, une cravate blanche et un habit de velours
grenat ; il fait signe de la main droite.
Belle et vigoureuse peinture.

Toile. Haut., 83 cent.; larg , 63 cent.

LANEN

(VAN DER)

16 — *Femmes et Gentilshommes.*

Assis autour d'une table où sont les restes d'un
repas, les uns causent debout.
Un officier tenant un verre conte fleurette à une
jeune femme.
Un homme, debout au centre, joue de la flûte ac-
compagnant une jeune femme assise qui tient une
partition.
Dans le fond, plusieurs tableaux accrochés
au mur. A gauche, une porte cintrée flanquée de
cariatides.
Sur le devant, un bassin à rafraîchir.
Important et curieux tableau de l'artiste.

Toile. Haut., 1 m. 16 cent.; larg., 1 m. 65 cent.

*

MOLENAER

(CORNEILLE)

17 — *Paysage montueux.*

Devant, deux villageois causent au bord d'un chemin.

Au second plan, à gauche, des chaumières et une église.

Fin et bon petit tableau.

Bois. Haut., 22 cent.; larg., 26 cent.

MOLENAER

(JEAN MIENSE)

18 — *Le Maître d'école.*

Assis devant une table, il fait réciter la leçon à deux écoliers.

Dans le fond, une fenêtre ouverte.

Signé.

Bois. Haut., 25 cent.; larg., 22 cent.

MOMPER

(JOSSE DE)

ET

FRANCK FLORIS

19 — *Le Prophète Élie.*

Dans un beau paysage avec colline boisée sur la droite.

Au second plan, une ville au bord d'un lac. Le prophète marchant vers la gauche est poursuivi par des enfants qui l'injurient.

On aperçoit vers le fond plusieurs d'entre eux dévorés par des ours.

Bois. Haut., 94 cent.; larg., 1 m. 21 cent.

MOREELSE

(PAUL)

20 — *Portrait de femme.*

Debout, vue jusqu'aux genoux, la tête de trois quarts à gauche ; elle porte une robe noire avec corsage richement brodé ; collier de perles autour du cou et collerette finement plissée, manchettes de dentelles avec bracelets de perles ; la main gauche sur le bras d'un fauteuil.

Très beau portrait.

Bois. Haut., 1 m. 02 cent.; larg., 77 cent.

MOREELSE

(PAUL)

(PENDANT DU PRÉCÉDENT)

21 — *Portrait d'homme.*

Debout, vu jusqu'aux genoux ; il porte un vête-
ment noir avec collerette plissée ; la main gauche
sur la hanche ; la droite appuyée sur une table couverte d'un tapis de Turquie.
Sur le fond, à droite, les armes du personnage.

Bois. Haut., 1 m. 02 cent.; larg., 77 cent.

NIEULANT

22 — *Sujet mythologique.*

Junon, Jupiter, Mars et Vénus montés sur un char
et portés en triomphe par une foule nombreuse de
nymphes, amours et personnages de la mythologie.
Signé.

Bois. Haut., 53 cent.; larg., 73 cent.

OSTADE

(ISAAC)

23 — *Intérieur rustique.* 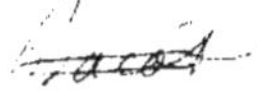

Au centre, de bons paysans jouent aux cartes. Sur la gauche, un homme allume sa pipe assis devant une cheminée. Une femme portant un seau donne la main à un paysan qui paraît lui tenir des propos galants.

Bon tableau, d'une coloration blonde et harmonieuse et d'une parfaite conservation.

Signé.

Bois. Haut., 47 cent.; larg.. 62 cent.

NEEFFS

(PEETER)

24 — *Vue intérieure de la cathédrale d'Anvers.*

Au centre, la nef; vers le fond, un prêtre dit la messe; plusieurs personnages agenouillés devant l'autel font leurs prières.

Au centre, un prêtre portant le saint ciboire se dirige vers la sacristie.

Œuv e importante de l'artiste. Les figures spirituelles, admirablement posées et très bien dessinées, semblent être d'Eglon van der Meer.

Signé sur le pilier de droite : *Peeter Neeffs, 1648.*

Cadre en bois sculpté.

Toile. **Haut.,** 1 m. 12 cent.; larg., 1 m. 43 cent.

PALAMÈDES

25 — *Bataille.*

Cavaliers et piétons se livrent un combat acharné
au pied d'une colline.

Bois. Haut., 37 cent.; larg., 47 cent.

ROMBOUTS

26 — *Paysage hollandais.*

Au premier plan, des monticules verdoyants. Au
second plan, une église s'élevant au-dessus d'un
village.

Ciel nuageux.

Bois. Haut., 35 cent.; larg., 45 cent.

SNYDERS

(JEAN)

27 — *Chiens et gibier.*

Un lièvre, des perdrix et quelques petits oiseaux
posés au pied d'un arbre.

Sur le devant, un chien blanc à longs poils cou-
ché auprès d'un fusil.

Au second plan, un autre chien brun tourné vers
la gauche.

Bon tableau.

Signé du monogramme.

Toile. Haut., 1 m. 15 cent.; larg., 1 m. 65 cent.

STREECK

(VAN)

28 — *Natures mortes.*

Un hareng dans un plat, un pain entamé, une cruche de grès et un verre de bière.

Bois. Haut., 26 cent.; larg., 34 cent.

SUBLEYRAS

29 — *Le Sacrifice d'Iphigénie.*

La jeune fille tombe agenouillée auprès de l'autel où elle doit être immolée. Agamemnon se penche désolé vers le grand-prêtre qui, le poignard à la main, s'approche pour faire le sacrifice.

Des guerriers et des femmes en pleurs se pressent autour de l'autel où brûle le feu sacré.

Importante composition signée et datée 1730.

Toile. Haut., 1 m. 25 cent ; larg., 1 m. 53 cent.

TIEPOLO

(DOMINIQUE)

30 — *Le Triomphe de Mardochée.*

Il franchit les portes de la ville, suivi des gardes du roi, aux acclamations du peuple.

Toile. Haut., 80 cent.; larg., 1 m. 02 cent.

TROOST

(CORNEILLE)

31 — *Gentilshommes*.

Assis autour d'une table et écoutant la lecture que fait l'un d'eux.

Toile. Haut., 3? cent.; larg., 49 cent.

UDEN

(VAN)

AVEC FIGURES ATTRIBUÉES A P. P. RUBENS

32 — Devant, deux paysannes, l'une portant une corbeille de fruits, l'autre tenant une cruche de cuivre ; près d'elles plusieurs vaches.

A droite, une rivière et un homme faisant boire des chevaux.

Bois Haut., 53 cent.; larg., 78 cent.

UIZTENBROECK

(MOSES VAN)

33 — *Paysage avec monument en ruine.*

Sur le devant, un cours d'eau, des arbres ren-
versés et un pêcheur à la ligne.

Au second plan, deux personnages sur un chemin
qui descend vers la gauche.

Fin paysage rappelant les œuvres d'Elzheimer.

Bois. Haut., 59 cent.; larg., 83 cent.

VALERIO

(CASTELLI)

34 — *La Reine de Saba.*

La reine, prosternée devant Salomon et entourée
de ses femmes, lui offre des présents.

Toile. Haut., 73 cent.; larg., 95 cent.

VALERIO

(CASTELLI)

(PENDANT DU PRÉCÉDENT)

35 — *Esther au pied d'Assuérus.*

Esther s'évanouit dans les bras de ses suivantes.
Assuérus, assis sur son trône, tenant son sceptre,
tend les bras vers elle pour la secourir.

Toile. Haut., 73 cent.; larg., 95 cent.

VÉRONÈSE

(PAUL)

36 — *Sixte-Quint sur le trône pontifical faisant distribuer des aumônes.*

Le Saint-Esprit plane au-dessus de la tête du pape ayant à ses côtés des cardinaux. Des gens du peuple se pressent devant lui pour recevoir ses aumônes.

Très belle esquisse d'un tableau qui se trouve dans une église de Rome.

Toile. Haut., 1 m. 25 cent.; larg., 92 cent.

VITELLI

(VAN)

37 — *Vue de Rome.*

Au premier plan, le Tibre traversé par le pont qui conduit au fort Saint-Ange. Vers le fond, s'élevant au-dessus des maisons, on aperçoit le Vatican, le dôme de Saint-Pierre ; un peu sur la gauche, la villa Médicis.

Toile. Haut , 1 m. 10 cent ; larg., 1 m. 80 cent.

WOUVERMAN

(PIERRE)

38 — *Le Nécromancien.*

Il est couvert d'une robe à raies jaunes et noires,
tenant un hibou sur son bras et un fouet à la main ;
il menace un jeune page qui semble le poursuivre se
moquant de lui. A gauche, un nain vêtu de rouge,
monté sur un cheval, tient un faucon sur le poing et
fuit au galop suivi de plusieurs chiens.

Bois. Haut., 25 cent.; larg., 38 cent.

39 — Plaque en argent repoussé représentant
la *Fuite en Égypte.*

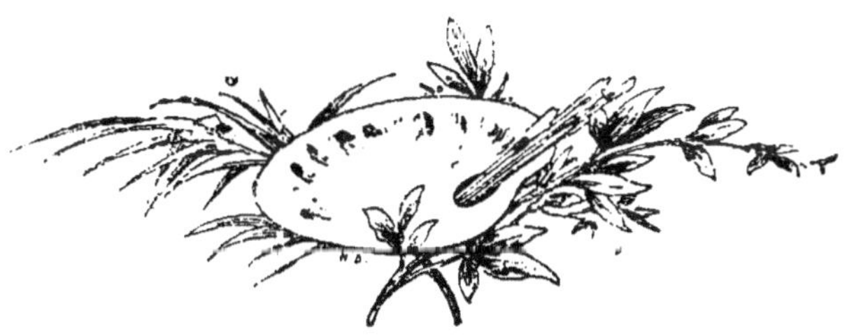

www.ingramcontent.com/pod-product-compliance
Lightning Source LLC
LaVergne TN
LVHW020850200726
843508LV00003B/1137